La gran ironía

La gran ironía

José Martin Pacheco

Editorial Zayas
el mundo espera, publicalo

La gran ironía
Copyright © 2023 José Martin Pacheco
Primera edición: junio 2023
Editorial Zayas
ISBN: 9798397003391
Prohibida la reproducción total o parcial, por cualquier medio, sin autorización por escrito del autor.

Edición y diseño de portada: Dr. Miguel Ángel Zayas
Fotos: José Martin Pacheco
Obra de portada: La ironía de José Martin Pacheco
Editorial Zayas
Santa Isabel, Puerto Rico / La Habana, Cuba
editorialzayas@gmail.com
17872635223

Este libro está dedicado
a dos damas que quiero mucho:

Hon. Sonia Sotomayor,
jueza del Tribunal Supremo de Estados Unidos de América

Hon. Sonia Sotomayor y el autor.

Norma Rivera Colondres Sader,
productora de teatro
Norma Sader Productions, LLC

Índice

El pobre Juanito 1

La vieja doña María 15

Las cucarachas 25

Quique el pollero 31

Un amor contrariado 45

Sobre el autor 55

PRÓLOGO

Los seres humanos estamos hechos de historias y todos podemos beneficiarnos de aprender a contarlas bien. Este libro de relatos tiene la particularidad que puede lograr que alguien que no sea un lector experimentado sienta una atracción y se adentre al fascinante mundo de la lectura. Encontrarás varias historias con diferentes temas, todas enmarcadas en la niñez y adolescencia del autor, con un rico estilo campechano, sencillo y provocador. Se trata de un libro apto para ser leído por cualquier persona, independientemente de su nivel de estudios.

La obra contiene infinidad de pasajes autobiográficos que dan sentido y razón a muchas de las historias y nos muestra la reflexión que ahora de adulto ha tenido el autor al rememorarlas. No sé, si cuando el autor comenzó a escribir este libro tuvo miedo o duda de cómo empezar a contar su experiencia, pero es evidente que sí supo cómo terminarla. Es notable los deseos que tenía de expresarse y compartir sus experiencias tal y como las vivió en su querido barrio. Les advierto que al leer los relatos no caigan en la tentación de catalogar este libro como uno de desahogo de una necesidad del autor, motivado por el odio y sed de venganza.. No, estos relatos llevan la carga de muchas voces que se refugiaron en el silencio por distintos motivos. Es un desnudo integral, una especie de leyenda que siempre ha querido contar abiertamente y que ahora es el tiempo maduro para hacerlo.

De esta manera les he presentado todo lo que podrán leer a continuación, espero que disfruten de la lectura.

Dr. Miguel Ángel Zayas
Editor

El Pobre Juanito

Esta historia ocurre en un barrio del pueblo de Corozal, Puerto Rico. Hace mucho tiempo, en el barrio La Cuchilla, nació un niño que fue marcado negativamente de por vida. Casos como el de este personaje siguen sucediendo, ante la mirada sorda y ciega de muchos. Este planeta ha sido un regalo del Creador y hombres caprichosos, egoístas y villanos, sin medida alguna, lo hemos desorganizado y atropellado.

El pueblo de Corozal está localizado en el corazón de nuestra bella isla, Puerto Rico. Isla que fuera nombrada por los aborígenes taínos como *Borinquén*. En esa isla encantadora nací, una tierra de grandes próceres y hombres de alta dignidad. Una isla que ha sufrido cambios drásticos desde que fue colonizada por los españoles, hace ya más de 500 años. Pues bien, allí fue donde esta vida, que en momentos se manifiesta injusta, decidió darle el soplo vital a este protagonista que trataremos de presentarles.

Era una mañana resplandeciente en el barrio Cuchillas. Se percibía el olor a tierra humedecida por el rocío de la madrugada. Todavía estaban presentes pequeñas gotas de rocío sobre las hojas y yerbas del camino. En las lomas se veían a los jíbaros de camino a la jornada diaria en el campo cantando sus melodiosas canciones. Las flores silvestres enmarcaban aquel caminito de tierra rojiza y desnuda, creado por los pies descalzos de muchos campesinos, un panorama típico del barrio Cuchillas. De pronto, bajó de la loma una señora y su niño. El niño tenía apenas seis abriles. Madre e hijo bajaron cuidadosamente rumbo a la escuela del barrio. ¿Quiénes eran? Amparo Rodríguez y su primogénito Juanito Díaz. Amparo estaba vestida modestamente con un traje remendado y unos zapatos de goma viejos. Juanito tenía un pantaloncito corto color *kaki*, camisa blanca y zapatitos negros. Los zapatitos de Juanito no eran nuevos, tal vez algún regalo de un hacendado. Los colores de la ropa de Juanito eran del uniforme que requería la escuela del barrio a todos los niños de primaria.

Entre uno que otro saludo, los vecinos del barrio iban a la jornada diaria. Los campesinos bajaban cantando su *le lo lai* de camino a las fincas de siembras. Amparo sonreía de alegría, mientras los saludaba bajando la loma. Su evidente alegría era porque su Juanito comenzaría el primer día de clases. Eso era lo más importante para ella, que su hijo tuviera la oportunidad una buena educación. Algo que ella no pudo obtener. Ahora bien, ella no era la única. Fueron muchos del barrio los que, por su precaria situación económica, nunca lograron estudiar. La extrema pobreza en aquel tiempo evitó que muchos jibaritos pudieran educarse debidamente.

Para Amparo, ese factor no era impedimento para que su hijo tuviera una educación. Ella estaba dispuesta a hacer lo que fuera para que su primogénito pudiera estudiar. Bueno, entre una cosa y otra, llegaron por fin al plantel. Llevó al niño a la oficina y, una vez matriculado, le indicaron que lo llevara al salón de primer grado. La maestra del salón era la señora Gómez. El niño fue entregado a la señora Gómez, esta le pidió a la madre que lo dejara para que se sentara en el pupitre asignado. Amparo se despidió del niño y, después de observarlo por unos cortos minutos, se marchó a su trabajo en la casa de un hacendado.

La señora Gómez empezó su clase como era de esperarse. Ella continúo con su plan de trabajo. Comenzó con pedirles a los niños que se fueran presentando uno por uno. Cuando le tocó el turno de presentarse a Juanito, se mostró tímido y no dijo nada. La maestra, al ver que Juanito no decía nada, le ordenó gritando que cumpliera con su mandato. Juanito, atemorizado, se puso las manos en la cara cubriéndose. Este mundo escolar era una nueva etapa para él. Además, en su casa su madre no le gritaba ni le ordenaba, ella le pedía con amor y cariño que hiciera las cosas. Pero claro está, la señora Gómez no era su madre. Ella era una perfecta extraña. Después de varios intentos fallidos dejó tranquilo a Juanito, aunque estaba molesta. Lo visualizó como un reto a su autoridad. Aun así, la maestra siguió adelante con su agenda planeada, pero solo con los demás niños. Excluyó a Juanito, no se percató de la sensibilidad del niño. Ella, como muchos otros adultos en posiciones importantes, solo se fijó en su carácter de educadora autoritaria y nada más.

Al cabo de una hora, el niño sintió que necesitaba hacer uso de la letrina de la escuela. Levantó su mano y pidió permiso para ir a hacer su necesidad. La señora Gómez aprovechó ese momento y, como represalia, le dijo al niño que no podía ir.

Juanito realmente necesitaba ir a la letrina. Debido a su imperante necesidad, se levantó y trató de ir sin el permiso de la maestra. Antes de que llegara a la puerta, la maestra lo detuvo. Lo tomó del brazo y lo sentó bruscamente en su pupitre. Luego cerró la puerta para que él no saliera. Juanito trató de aguantar, pero todo fue en vano. El cuerpo cedió y desbordó su necesidad en el pantalón, sentado en el pupitre.

Los otros niños, al darse cuenta del mal olor que provenía de la excreta y el orín, comenzaron a quejarse. Todos se taparon sus narices e hicieron gestos de desagrado colectivo. Se formó un caos en el salón por aquel suceso. La maestra llegó donde estaba sentado Juanito y al ver lo que le había pasado comenzó a darle por la espalda con una vara de guayabo que tenía preparada para disciplinar. Fue tanta la rabia de la maestra que, sin medir su cólera, le rompió la vara en la espalda.

No contenta con su castigo tomó por un brazo a Juanito y de forma agresiva lo puso al frente de todos los niños. Comenzó a ridiculizarlo ante todos los estudiantes. Lo llamó por nombres horribles, pero el nombre que más enfatizó fue "Juanculito". Continuó de esa manera instigando a los demás niños del salón para que lo llamaran por ese nombre. Luego de un rato lo echó fuera del salón. Al Juanito llegar a su casa, entre lágrimas y quejidos de dolor, le contó a su madre lo sucedido. Amparo, al ver la espalda de su hijo, quedo enfurecida. Ella llegó hasta la escuela al día siguiente. Furiosa, exigió de la educadora una debida explicación. Confrontó a la maestra, pero la maestra ya estaba preparada con su versión de los hechos. Amparo decidió ver al director de la escuela, pero él ya estaba de parte de la maestra porque la señora Gómez ya le había fabricado un caso bochornoso al niño.

También tenía a otros niños comprados. Niños que le rectificaron al director su falsa versión. Amparo no tuvo más remedio que marchase de la escuela con su niño, quien fue suspendido de la escuela indefinidamente.

Después de un mes, y las suplicas de Amparo, aceptaron a Juanito en la escuela nuevamente. La maestra, inconforme con a la decisión, se encargó de mantener viva en la memoria de los otros niños el suceso y logró que todos los niños de la escuelita lo molestaran continuamente. Juanito se vio envuelto en muchas peleas, era constantemente mortificado por todos sin que nadie hiciera nada por él. Fue tanto el acoso, que su madre se vio obligada a sacarlo para siempre de la escuela. El abuso colectivo creció en todo el barrio. Hasta en la calle le molestaban y le gritaban: ¡Juanculito! No pasaba un día de su vida sin que alguien lo ridiculizara y avergonzara.

Tristemente, así fue como le tocó vivir a Juanito sus primeros años de vida siendo víctima de la injusticia social-colectiva. Su madre sin poder hacer nada, pues su extrema pobreza le impedía mudarse del barrio donde tenía su humilde casa. El panorama era triste y de lucha constante para ellos ya que no contaban con la ayuda de nadie. Ella lavaba ropa para ganarse el sustento. Él se preguntaba qué era lo que había hecho para ser tratado por todos de esta manera injusta. Así fue creciendo el desafortunado niño en aquel empobrecido barrio de Corozal, sin poder obtener la anhelada educación.

Al cumplir dieciocho años, ya todo aquel trauma parecía haber quedado en el pasado y se convirtió en un joven con valores. Se dedicó a vender piraguas en la plaza del mercado y con eso mantenía a su madre. Juanito le prometió a su madre que la cuidaría y mantendría hasta que llegara su final. Buen hijo, se mantuvo al margen de las críticas que tanto le hirieron. Pero eso no quebró su deseo de ser mejor cada día, así se lo prometió a su madrecita. Ya la gente del barrio no lo molestaba como lo hacían cuando era más niño. Muchos ni se acordaban del suceso. Otros se habían casado y marchado del barrio. Los que sí se acordaban ya estaban atareados con sus propios problemas.

La vida de Juanito era trabajar y llevar el sustento a su casa. En la plaza lo respetaban y le compraban sus piraguas. Solamente la gente de su barrio no le compraba ni una sola piragua debido al mote que fue injustamente puesto por aquella supuesta maestra. Pero esto no detuvo a Juanito a que trabajara y también se enamorara. Conoció a una joven del barrio Lomas y ella no sabía nada sobre el problema que en la infancia había sufrido Juanito. Él no le dijo nada porque ya había superado esa etapa. Para él había quedado en el pasado, por lo menos eso fue lo que él y su madre creyeron.

Resulta que en el teatro del pueblo se estaba presentando una película del famoso actor mexicano Cantinflas. Juanito quiso ver la película con su novia. Lo que no esperaba era que jóvenes del barrio también fueran ese día a ver la película. Al darse cuenta los jóvenes abusadores del barrio que Juanito estaba en el cine con una bella muchacha decidieron, después de finalizada la película, comenzar una escena colectiva de abusos verbales, lo instigaron y molestaron una vez más como lo hicieron en su infancia. El pobre Juanito no pudo hacer frente a tantos. Uno de ellos se atrevió a confrontarlo en frente de su novia y le dijo a la joven:

—Oye mamita, tú no sabes que este tipo con quien tú estás se le conoce en mi barrio como Juanculito. ¿A que no te ha dicho, que se caga encima con todo y ropa? ¿O te lo ha mostrado?

Juanito furioso quiso pelear, pero su novia se interpuso y logró sacarlo del camino de todos los malditos que lo acosaban. Ella logró ver un oficial del orden y le pidió auxilio. El policía se percató del incidente y ordenó a los molestosos que se fueran dispersando.

Juanito se vio obligado a darle una explicación a su novia, ella lo entendió y confortó como toda una buena dama. Él se alegró que su novia fuera tan compresiva y amorosa. Ella le dejó claro que no se debía preocupar más porque ella lo quería y estaba dispuesta a casarse y mudarse de Corozal, para que en otro lugar pudieran hacer una vida normal. Eso fue un bálsamo para el pobre Juanito, porque a base de ese suceso pensó que su vida no tendría razón. El apoyo mostrado y bien confirmado de su novia le dio razones para seguir adelante. Se propusieron guardar dinero para casarse e irse lo más pronto del barrio y del pueblo de Corozal.

Fueron pasando los días y todo parecía normal. Juanito y su querida novia se veían más juntos y enamorados que nunca. Esto causó celos y molestia en aquellos jóvenes del barrio que no se daban por vencidos. Un domingo, en la plaza pública del pueblo, estaban Juanito y su novia compartiendo como a eso de las 2:00 de la tarde, cuando un auto lleno de jóvenes se detuvo y uno de ellos se salió del auto diciéndole a los demás: "Verán lo que voy a hacer".

Se acercó a los novios y a viva voz dijo:

—Oye pendeja, ¿no te advertimos sobre este estúpido? Déjame decirte que si te casas con él, cuando estén en la luna de miel lo que tú vas a recibir es una luna de mierda. So pendeja…

La joven comenzó a llorar avergonzada. Juanito confuso y traumado al ver la actitud abusiva hacia su prometida, sin pensar las consecuencias, sacó un cuchillo del pantalón y apuñaleó al joven siete veces con furia descontrolada.

Los otros se marcharon dejando a su amigo herido. La gente del pueblo que vieron el suceso corrieron a ayudar al joven herido y la policía detuvo a Juanito. El joven murió en el acto, una de las cuchilladas le atravesó el corazón. La novia desconcertada y llena de sangre también fue detenida por la policía, pero gracias a los testigos fue puesta en libertad rápidamente. Se corrió como pólvora la noticia en el pueblo y demás barrios. La familia del occiso demandó justicia contra el agresor. Muchos querían que se linchara a Juanito en la plaza pública. La pobre madre de Juanito sufrió de un infarto al corazón al recibir tan desgarradora noticia. Fue llevada al hospital de Bayamón donde se recuperó al cabo de varios días. Al llegar a su casa se encontró con un barrio que pedía justicia. Le tiraban piedras al techo de su casita, le amenazaban constantemente. Era perseguida por dondequiera.

Este caso parecía no tener fin. Los familiares del difunto se allegaron amenazantes a la casa de Amparo y obligaron a las autoridades a tomar cartas en el asunto y sacarla del barrio. Ella fue llevada a un lugar secreto y seguro. Al quedar sola, la casa fue encendida hasta sus cimientos. Nadie vio quién lo hizo, nadie habló a favor de ellos.

Para todos Juanito era un criminal que debía pagar con la muerte o cadena perpetua. A nadie le importó lo que le pasara a esta pobre madre o a su hijo. ¡Qué ironía!, pedir justicia quienes nunca la dieron. Pero así son las cosas en la vida. Amparo sabía que su hijo no tendría un juicio justo.

Al no tener dinero para poder contratar un abogado, ella sabía que no vería más a su hijo en libertad, lo único que podía esperar era ir a visitar a su hijo hasta que llegara su final. La novia se mantuvo cerca de ella y fue la única del pueblo que le dio apoyo constante a ambos. Ningún abogado, aun seleccionado por el Departamento de Asistencia Legal , veía defensa para este joven. Pero se debatía entre los miembros de la judicatura la razón y el motivo para este horrendo crimen. Eso fue lo que causó que un prominente abogado puertorriqueño quisiera tomar el caso, sin costo alguno, e ir en la defensa del desdichado Juanito.

Cuando este letrado y doctor en ciencias criminales decidió defenderlo, toda la comunidad jurídica se enfrascó en debates. Muchos amigos del letrado le recomendaron retirase y evitar un suicidio profesional. Le decían que este caso no era defendible, que estaba saturado de pruebas contundentes en contra del acusado. Existían docenas de testigos oculares, quienes una vez testificaran destruirían su prominente carácter y su respeto en la rama judicial como uno de los mejores abogados. Pero esto no lo detuvo ni intimidó. Se propuso defender a Juanito, costara lo que costara. Él era el presidente del Colegio de Abogados de Puerto Rico. Solicitó a la junta una sabática para poder cumplir con su agenda como defensor. La misma le fue concedida y así comenzó a preparar su defensa.

Al correr la voz en el campo judicial sobre este caso, toda la prensa quiso estar presente durante el proceso del juicio. Muchos que eran enemigos de este gran letrado querían verle fracasar. Otros tantos, se interesaron por ver cuál era la estrategia de su defensa legal. Hubo también quienes fueron picados por curiosidad para aprender más sobre casos como este. Como todo juicio, la fiscalía comenzó a presentar las acusaciones y las pruebas contra el acusado. La sala estaba repleta de estudiantes de leyes, familiares del difunto, testigos, morbosos, prensa y público en general.

El juez ordenó a todos a que se mantuvieran en orden so pena de desacato. Luego trajeron a Juanito esposado, quien con una mirada detenida le robaba el semblante a su progenitora. Ella, sin decir una sola palabra, no contenía las lágrimas de dolor.

El juez pidió a la fiscalía que tomara la palabra y diera comienzo. Como todo juicio se ventilaron las pruebas, se llamaron testigos, se presentó el arma mortal y fotos del occiso, etc. Algo que comenzó a perturbar a muchos fue la actitud asumida por la defensa. Cada vez que el juez le cedía el turno para que abogara por su defendido, el abogado solo decía: "Vuestro honor, por ahora no tengo nada que argumentar". Esta forma que empleó el abogado defensor en la corte, por ser tan tajante y continua, comenzó a crear un ambiente de molestia para casi todo el mundo que allí estaba. Durante el receso, en los pasillos solo se escuchaba a los periodistas trasmitir su impresión del caso a los medios que representaban. Su disgusto era evidente. Hubo quien tildó de payaso al respetable abogado.

La gran ironía

Luego de regresar a la sala, el juez pidió a todos tener control y decoro. La fiscalía presentó más testigos y solicitó al jurado la pena de cadena perpetua para el acusado. Después de casi cinco horas de presentación, nunca interrumpida por parte de la defensa, el juez ordenó al abogado defensor que dijera algo en favor de su defendido, pues de lo contrario el caso sería nulo. El abogado defensor pidió respetuosamente al magistrado que le permitiera hablar solamente antes de que el jurado se fuera a deliberar. Por tratarse de un abogado reconocido y estar intrigado por su estrategia, el juez le concedió el pedido. Acto que tomó por sorpresa a muchos conocedores de leyes, incluyendo a la fiscalía.

El juez pidió a la fiscalía que diera su presentación final al jurado y el fiscal así lo hizo. Luego el juez cedió la palabra al abogado defensor. Este se levantó y fue directamente al juez y le dijo: "Respetuosamente señor juez". Luego se acercó al jurado y dijo: "Respetuosamente señores del jurado". Luego caminó hacia los presentes, que eran cientos, y dijo lo mismo. Luego caminó hasta su asiento y se sentó sin decir ni una sola palabra. Todos estaban que echaban chispa de coraje. El juez y todos los demás observaban impacientes, querían saber que tenía que decir el abogado. El abogado defensor solo miro su reloj y espero cinco minutos, se levantó otra vez y dijo al juez: " Vuestro honor", lo miró a los ojos y luego caminó al jurado, mirando a cada uno de ellos dijo: "Respetables miembros del jurado". Se dio vuelta hacía el público y les dijo: "Dignos miembros de mi pueblo Puerto Rico".

Al finalizar esto, volvió a su asiento, miró su reloj y esperó cinco minutos adicionales. Se levantó de nuevo y pidió al juez acercarse un poco más al estrado. El juez, ya mostrando molestia, le permitió acercarse. Ahí aprovechó y le dijo: "Distinguido magistrado" y le dio la espalda. Se fue al jurado y dijo: "Fieles miembros del jurado" y también les dio la espalda. Se dio vuelta a los presentes y les dijo: "Amables ciudadanos de Borinquen", caminó hasta su asiento y, antes de que fuera a sentarse, el juez con el mallete y con un evidente desespero le gritó al abogado. Le ordenó que, de una vez y por todas, dijera lo que tenía que decir o lo multaría por hacerle perder su tiempo y por faltarle el respeto a su honorable corte. Era evidente que no solo el juez sino todos en el jurado y los presentes ya estaban y mostraban repudio a la forma en que el abogado llevaba su caso. El juez le dijo furioso:

—Hable de una vez que me está haciendo perder el tiempo a mí, al jurado y al pueblo de Puerto Rico.

Fue ahí cuando el abogado le dijo al juez:

—Perdone su señoría. Pero fíjese cómo, en solo quince minutos de su vida, usted ha perdido la cordura y se manifiesta impaciente. También los miembros del jurado y el pueblo de Puerto Rico esta colectivamente enojados. Lo demuestran y quieren mandar a mi defendido a pagar una cadena perpetua, cuando él ha venido recibiendo por dieciocho años el abuso, el maltrato y la injusticia de todo un pueblo. A él le tomó dieciocho años estallar para defenderse de los continuos atropellos que sufrió desde su infancia. Dígame señor juez, usted que se impacientó en solo quince minutos pretende que un jurado también impaciente delibere otorgándole a mi defendido una cadena perpetua. Dígame señor juez y señores del jurado, quién es más culpable en este triste caso. Mi defendido o el pueblo de Puerto Rico que permitió privarle a un niño su educación y que todo un barrio lo maltratara desde niño por el solo hecho de culminar una necesidad humana, la de evacuar en un salón porque a una maestra no le dio la gana de dejarlo ir a una letrina cuando se lo pidió. Debido a esa maestra, el niño fue retirado de la escuela y todo un barrio se unió para hacerle la vida un martirio. Dígame su señoría, ¿quién es más culpable de estos lamentables hechos? ¿Mi defendido o la injusticia de todo un pueblo que se ensañó con él hasta hacerle explotar y cometer el triste delito? Ustedes en quince minutos han perdido la razón, pero mi defendido ha llevado dieciocho años aguantando maltrato tras maltrato. ¿Quién en esta sala tiene las agallas para continuar el abuso y el daño que él ya ha sufrido? Sí, deliberen y que puedan, después de hacerlo, darle la cara firme a nuestro Dios.

El jurado tardó treinta minutos y deliberó exonerándolo. Juanito es un hombre libre en Puerto Rico, gracias al ingenio de un verdadero abogado. De esos, que ya hay muy pocos.

Este panorama muestra la conducta dictatorial de una educadora que solo le importó su imagen. Ella es una, de un pequeño grupo de corruptos, que escogen la educación como *modus vivendi*. Gente que no sienten la vocación o el compromiso escolástico. La señora Gómez es el perfecto ejemplo de esos seres humanos que no tienen el genuino deseo de educar. Creo que debió haber aprendido de los tantos honorables pedagogos puertorriqueños que aún tenemos. De esos verdaderos maestros, entregados y dedicados para que los niños de nuestra patria logren ser sobresalientes y competitivos en el mundo. Es lamentable que haya dictadores en la enseñanza, como lo fue ella. Lo digo a base de mis experiencias de niño, pero también por el desenlace de esta triste historia.

La vieja doña María

Esta es la historia de una señora que marcó mi vida y que, para aquel entonces, debería de tener alrededor de 59 a 60 años. Ella vivía en el barrio parcelas Van Scoy de Bayamón, Puerto Rico. A ese barrio también se le conocía en mis tiempos de niño como el kilómetro 8. La señora María vivía sola con su hija menor. Realmente, esa joven parecía su nieta más que su hija. Eso demostraba lo abatida físicamente que se veía la pobre vieja. Compartían una humilde casita de madera. No tenían lujos, pero esa casita tan modesta era su palacio, como ellas decían.

A la señora María, creo que le tomaba cariño cualquiera que la veía. Pues ella era calmada, cariñosa y proyectaba ser muy buena. Por lo menos, era lo que a simple vista reflejaba. Lo que yo niño y los adultos del barrio no sabíamos, era que ella era una fiera enmascarada. Una farsante, muy buena actriz, que muy bien podía engañar hasta el más listo del barrio. Era como un personaje sacado del cuento de *Blanca Nieves y los siete enanitos*. Una trama donde una maquiavélica reina se transforma en una dulce viejecita que, motivada por odio, elabora un plan y con una manzana envenenada logra engañar a Blanca Nieves, hasta hacerla comer de la manzana envenenada. Un veneno que la haría dormir eternamente. Lamentablemente, en esta vida que nos ha tacado vivir, hay muchas y muchos como este diabólico personaje de los cuentos producidos y recreados en cine por del gran Walt Disney. Pero qué le vamos a hacer, así es la vida.

    Cuando apenas yo contaba con solo cinco años, conocí a la señora María. Enseguida le tomé mucho cariño. Ella fue con su hija menor Tata a mi casa. En aquel tiempo, todos en Puerto Rico fueron informados que la isla recibiría el embate de una gran tormenta huracanada. Mi mamá, sabiendo que la casa de doña María era muy frágil y que sus vidas podrían estar en peligro, le ofreció albergue en nuestra casa durante la tormenta. La casa nuestra era de muy buena construcción, de cemento armado. Además, existía un factor predominante en esta situación, mi madre ya estaba acostumbrada a estar preocupada por los vecinos. Ella sufría mucho por las necesidades ajenas. Recuerdo que, en dos ocasiones, cedió nuestra casa a dos familias distintas. Una perdió su casa por un fuego. La otra había perdido su casa porque el banco la había reposeído. Mami le permitió que pudieran quedarse hasta que consiguieran un lugar nuevo donde vivir. Mientras, nos llevó a vivir a mi hermana y a mí a un pequeño cuarto que habilitó como hogar para nosotros. Esa era mi madre. Es por ese amor al prójimo, que doña María y su hija entraron a nuestra casa durante el proceso de la tormenta anunciada. El gobierno había pedido a familias más afortunadas que albergaran a otros vecinos menos afortunados en sus hogares durante el paso del huracán. Mi madre, como siempre pendiente al prójimo, ya lo había hecho. ¡Qué buena madre la mía!, hoy reconozco su gran amor por el prójimo. Virginia Rodríguez Santiago (Gina) fue un verdadero ejemplo a la humanidad.

En nuestra casa vivíamos solo mi madre, mi hermana Carmen Iris y yo. Mi madre, aun con limitaciones económicas, logró asegurarnos un hogar fuerte y duradero. Nuestra casa fue producto de un proyecto municipal del pueblo de Bayamón. Ella, por ser madre soltera y enferma, cualifico. *"Sí…yo tengo ya la casita"*, como dice la canción del gran compositor "El Jibarito" Rafael Hernández. Pues bien, en nuestra casita durmió la señora María y su hija Tata durante el paso de la tormenta. Mi madre les cedió mi cuarto. Mi hermana, mami y yo dormimos en el otro cuarto.

Creo que, como todo niño inocente, lo de la tormenta lo tomé como una aventura interesante. Era para mí algo fascinante, algo nuevo. Además, el hecho que hubiese otras personas en mi casa, era algo fantástico. Creo que lo tomé como un *camping*. Nunca me había quedado en casa de nadie. Tampoco nadie se había quedado con nosotros a la misma vez por corto tiempo. Sí, nuestra casa fue alojada por dos familias antes, pero yo era tan pequeño que no recordaba nada. Es por eso que realmente lo disfruté, aun siendo una triste experiencia lo de la tormenta. Porque los estragos de un huracán no son para festejar. Pero es ahí donde hace la diferencia la infancia y la adultez. Bueno, les cuento que la señora María y mami se encargaron de que hubiera todo lo necesario. La comida, el agua, medicinas, artículos de primera necesidad, radio y baterías. Estaban listas para enfrentar a la tormenta. Así fue como comenzó mi relación con la señora María.

Al llegar la noche todos estábamos dentro de nuestras casas con las ventanas cerradas y con madera cruzada como una X en cada ventana. Esperábamos el golpe de la tan nombrada tormenta. Recuerdo que tanto mami como la señora María estaban pendientes a la radio. La televisión no fue prendida nunca. Las estaciones de TV se habían ido del aire y solo la radio informaba. Mientras tanto, todo era una larga espera. La noche era una de incertidumbre. Yo oía la conversación de mami y la señora María sobre lo que podía suceder al día siguiente. Pero en mi mente no llegaba a entender la magnitud del problema.

Como a la diez y media de la noche se comenzó a escuchar un ruido fuerte que azotaba las ventanas. Era como el rugir de un poderoso animal que gritaba con rabia por todos los rincones de la casa, como si estuviera en busca de alimento. Eso me causó mucho miedo, pero el hecho de que mami y la señora María estuvieran a la vanguardia me llenó de confianza. Además, yo escuchaba también las noticias. Recuerdo lo pendiente que ellas estaban escuchando el viejo radio de baterías. En las noticias decían que el huracán estaba lejos y que solo las ráfagas estarían tocando tierra. Que se había alejado de la isla, pero que aún era muy peligroso. Mami nos confortaba y también lo hacía la señora María. Yo, con solo cinco años, no me daba cuenta de lo serio del asunto. Lo que para los adultos era un trauma, para mí era una experiencia formidable.

El solo hecho de tener otras personas en mi casa quedándose a dormir era lo más importante para mí. En fin, mami y la señora María se encargaban de preparar los alimentos, mientras Tata, que era mayor que nosotros, jugaba con mi hermana y conmigo.

Después de comer y bañarnos, en un baño improvisado en la cocina, nos mandaron a acostar. Mami y doña María se mantenían al pendiente de las noticias. Al despertar vimos que el sol había salido y que ya había pasado el peligro, salimos todos de la casa para ver cuáles fueron los estragos causados por la tormenta. Al primer lugar que fuimos fue a la casa de la señora María. Para suerte de ella y de su hija, la casa aún estaba en pie. Solamente un árbol había caído encima de la casa sin hacerle daño alguno. La señora María, asustada al ver el árbol en el techo, comenzó a llorar. Yo, que la estaba observando muy de cerca, sentí una gran pena y traté de consolarla. Le dije que yo me iría a vivir con ella y que la protegería siempre. Luego vinieron algunos vecinos y comenzaron a remover el árbol del techo de su casa. Eso fue un gran bálsamo en ese momento tan crítico para todos.

Se había ido la electricidad, no había agua potable. Lo que se veía en todos lados era gente del barrio trabajando para ayudar a limpiar las vías públicas. Era un esfuerzo de todos y lo hacían con gran devoción. Yo me sentía tan orgulloso de ver a la gente con tanta generosidad y tan unidos en el esfuerzo por ayudar a sus semejantes. En verdad, era una cátedra social, algo que admirar. Ese marco de buenos vecinos no duró mucho. Se tardó tres días en volver todo a la normalidad. Finalmente llegó el agua potable. Aunque en sus comienzos era turbia, luego de un largo rato se veía más clara. Tenía que ser hervida antes de consumirse. También regresó el servicio de energía eléctrica y todo era como antes de la tormenta. Los saludos entre todos eran más comunes antes de llegar la normalidad. Después que se envolvieron en sus quehaceres no se veía a la gente tan amigable como cuando no había los servicios de agua y luz. Mi barrio marchaba como si nada hubiera pasado.

Cuando la señora María y su hija Tata regresaron a su casa y se llevaron sus "motetes", le pedí a mi mamá que me dejara ir a quedarme a dormir con ellas. Mami accedió y me fui con ellas, por la primera noche. Recuerdo que dormí con la señora María en su misma cama. No sé cómo, pero le tomé tanto cariño a esa señora que creía que era parte de mi familia. Era la abuelita perfecta. Una abuelita solo para mí, no tendría que compartirla con nadie. Eso debido a que mi abuela materna no me mostraba el cariño de abuela que yo tanto anhelaba. Además, mami Mela tenía una tribu de nietos y yo era uno de los más pequeños. Mi pobre abuela estaba cansada hasta de echarnos la bendición. Por otra parte, mi abuela paterna era solo para mi hermano Papo y este se aseguraba de no compartirla con nadie. Aunque yo sé que me amaba, pero era tan poco lo que podía verla y estar con ella que busqué ese cariño tan especial en la señora María.

Todo al principio marchaba hermoso. En vez de uno, me quedé varios días en su casa. Me encantaban sus atenciones. Esas mismas atenciones que a su hija Tata tal parecía que le molestaban, aunque yo estaba inocente de eso en aquel tiempo. Tampoco recuerdo que a simple vista ella demostrara su celo. No obstante, yo seguía recibiendo el cariño de la señora María con gran satisfacción. Tata, como un volcán dormido, estaba presta a explotar en el momento necesario.

Nunca me di cuenta de que su hija, dado a la atención de su madre a mí, me odiaba a muerte. No lo comprendía entonces, yo era muy niño. En fin, llegó el momento de regresar a mi casa y me fui. Luego de unos días, me enteré que la hija mayor de la señora María, que vivía en el

Bronx, la había convencido para que vendiera su casa y se fuera con ella a New York. Al enterarme me causó una gran pena. Fui a ver si era verdad y me pude enterar esa misma noche que se "embarcaban", así se decía cuando alguien se iba para Estados Unidos. Eso tenía explicación, pues los primeros viajes fueron en barcos y el más famoso fue el *Marine Tiger*. Recuerdo que mi gran amigo Mike Amedeo, quien compuso la canción *Lo que me vayan a dar que me lo den en vida*, me dijo que llegó a Nueva York en el último viaje del *Marine Tiger*. Bueno, la noticia de que doña María se embarcaría esa noche fue traumática para mí. Yo no quería aceptarlo, no quería perder a mi abuelita encontrada. Eso no me podía pasar a mí, pero fue una triste verdad. Estando en su casa, no encontraba la forma de cómo despedirme. Me sentía muy confuso. Sabía que perdería a mi abuela nueva. Que otra vez estaría en, saber Dios en qué plano, ante la lucha de conseguir un amor de abuelita. ¡Qué ironía la de la vida conmigo! Me dio una abuela perfecta y luego me la quitaba. Así son las cosas de la vida que me ha tocado vivir.

Me sentía muy triste, pero tenía que aceptar su partida. Qué podía hacer, si ni siquiera era su familiar. Recuerdo que saqué fuerzas y le pedí que no se fuera. Le dije, con mis ojos llenos de lágrimas, que yo la amaba. Ella me miró y dijo: "¿Por qué no te vienes a vivir conmigo?"

Me llené de alegría, pero sabía que no iba a ser posible y le contesté: "¿Usted cree que mami va a aceptar el que yo me vaya?" Me respondió que no. Con el corazón en las manos, esperaba el momento para darle un beso de despedida. Ante tanta incertidumbre me recosté de un palo que sostenía un alambre donde se colgaba la ropa húmeda para secar. Ese palo estaba tan seco y podrido que, al recostarme, accidentalmente lo partí. No sabía que al lado del palo estaba Tata. Pero al palo romperse, el cable de ropa húmeda bajó con gran fuerza y cayó por el peso, rasgando a Tata por su espalda. Ella, que sufría de unos nacidos en la piel, fue lastimada por el cable. Para colmo, en el tendedero se estaban secando la ropa que se llevarían para Nueva York. El peso de la ropa mojada contribuyó a que el alambre se fuera al piso rápidamente, por esa razón Tata fue lastimada. No obstante, la joven aprovechó ese momento para despertar toda la furia del volcán dormido. Con sus celos y odio empezó a llorar histérica y le exigió a la señora María que me castigara. La señora María trató de excusarme, pero Tata la manipuló y la confrontó. Ella puso en juego el amor que debía tener a su hija comparado con el mío, que era el de un perfecto extraño, un don nadie. Fue entonces cuando vi que aquella viejecita tan noble y cariñosa que yo amaba se tornó en una fiera.

Comenzó a insultarme de tal manera que, ante la sorpresa de aquellos insultos, mi mente se bloqueó y no me daba cuenta de la seriedad del asunto. Ella me gritó palabras que yo jamás había escuchado:
—Cabrón, hijo e puta, desgraciado, maricón, cágate en tu madre, idiota canto e estúpido, lárgate de mi casa infeliz. No te quiero ver más y si no te vas te pico en cantitos con un machete.

Escuchando todo eso, me quedé inmóvil. No sabía qué hacer o a dónde ir. Estaba petrificado de miedo. Solo podía verme ante una transformación de la sublime señora a una fiera peligrosa. Como dicen en mi barrio, ella actuó como una perra recién paría que ataca para defender a sus cachorros. Ella se dio cuenta que yo no entendía su coraje y se levantó para agredirme, pero tuve suerte de que una vecina que venía a despedirse me agarró de la mano y me empujó, evitando que la señora me pudiera dar un golpe. La vecina me ordenó que me marchara rápidamente. Recuerdo que, mientras me iba, la señora María comenzó a tirarme piedras y la acompañaba su hija Tata. Juana María, que era como se llamaba la vecina, me gritaba "corre nene que te van a achocar", yo solo lloraba corriendo rumbo a mi casa. Por cierto, una piedra me llegó a caer en la cabeza y me hizo un doloroso chichón.

Finalmente llegué a casa y mami me consoló. Me preguntaba qué era lo que había hecho, pero no podía hablar. No encontraba como explicar lo que yo no entendía. Ella me curó la cabeza con medicamentos. Se imaginó que me había metido en una pelea. Me aseguró de que ella investigaría el lío en que yo me había metido, que lo sabría al día siguiente. Me bañó y me acostó. Al día siguiente, ya la señora María y su hija se habían marchado rumbo a Nueva York. Mami fue enterada por Juana María de lo que me habían hecho. Fue tanto el coraje de mami, que juró que antes de morir volvería a ver a la señora María.

Al cabo de un tiempo, tal vez dos años, regresó la señora María sola a Puerto Rico. Vino de visita y era época de navidades. Mi mamá y yo íbamos de camino a casa de mi abuela materna. Al comenzar nuestro rumbo a casa de abuela Mela noté la figura de la señora María, cerca de una curva antes de la casa de abuela. Al asegurarme de que era la señora María corrí como un loco a saludarla. Se me había olvidado lo que ella me había hecho, pero a mami no.

Me le acerqué y al verla tan blanca y bien vestida me dio tanta alegría que me le aproximé a darle un beso y un abrazo. Ella también sintió alegría por verme. Cuando la señora María estaba lista para darme un beso en el cachete, mami se acercó y con voz tajante y dictatorial me ordenó que me retirara del lado de la doña. La señora se veía como confusa y desorientada. Tal vez, también a ella se le había olvidado el suceso pasado. Ella quedó inmóvil, como quedé yo aquella tarde tan triste donde fui maltratado por quien yo amaba como una abuelita. Recuerdo que mami le ordenó a la señora María que me separara de mí. Luego le recordó lo que me había hecho en un tiempo atrás. Fue entonces cuando yo también recordé aquel bochornoso incidente. Mami con gran rabia, pero con calma, le dijo:

—María, escuche bien lo que le tengo que decir…

Ante aquel marco de coraje de mi mamá, pensé que ellas pelearían. Gracias Dios, no fue así. Mami, con una calma envidiable y con las palabras correctas, le dejó saber a la señora María que yo tenía quien me protegiera, me quisiera y respetara. Esto le causó un gran bochorno a la señora María. Se notaba avergonzada porque mami le recriminó el injusto trato hacia mí, luego nos marchamos camino a la casa de mi abuela materna. La señora María se quedó parada, confusa y triste. Yo le veía mientras nos alejábamos del lugar y fue la última vez que vi su silueta desaparecer en la lejanía. Nunca más volví a ver a la señora que marcó un triste recuerdo en mi niñez. Experiencia amarga que recordaré durante toda mi vida.

Las Cucarachas

La que voy a contarles le pasó a mi tío Neco (diminutivo para Manuel). La historia comenzó de esta manera; mi tío era alcohólico y casi pierde la vida una tarde durante una borrachera. Neco era hijo de mi bisabuela materna, Manuela Santiago. En otras palabras, era mi tío-abuelo. Ahora, que me he puesto a escribir sobre él, su recuerdo renace en mi mente. Yo lo quería mucho, pues era muy bueno. Era un hombre bajito de estatura, trigueño, recto, honesto y sincero. El pobre creía que nunca podría dejar el licor. Le encantaba el *Ron Llave*.

Aunque nunca se le vio arrastrado, uno se daba cuenta cuando estaba entrado en el ron. Siempre tenía su reserva escondida. Supe de su amor por el licor por medio de su esposa, mi tía abuela política, Doña Esther. Digo doña con todo el sentido de la palabra. Esther era una señora de un carácter fuerte. Era autoritaria, preponderante y mujer de armas tomadas. Me imagino que tendrán una idea de cómo era la señora. Neco y Esther estaban casados y tenían varios hijos. Vivían en una cómoda casa de cemento en el barrio Macún, en el pueblo de Bayamón. La casa tenía un moderno baño sanitario, pero también tenía una antigua letrina cerca de la residencia. La razón de esta letrina era para que los que trabajaran en su casa no usaran el baño moderno que estaba dentro de la casa.

Esther se dedicaba a la crianza de cerdos. Estos cerdos se mataban para que su carne fuera el ingrediente principal de sus pasteles. Estos pasteles eran vendidos por casi todos los hijos en diferentes lugares del pueblo, era su gran negocio. Por su buena fama de mujer limpia y con una gran sazón en su cocina, logró adquirir una clientela fija muy grande. De muchas partes de todo Puerto Rico venían a comprarle sus famosos pasteles. Gracias a esto acaudaló fortuna, creó toda una empresa de pasteles controladas solo por ella. Esther no era nada de tonta, era una luchadora. Su religión era pentecostal, no soportaba que mi tío tomara licor. Para ella beber licor era cosa del diablo.

Pero mi tío se las ingeniaba para darse el "trancazo" cuando le daba la gana. Por más que Esther le descubriera el escondite de su caneca de ron, este ya tenía otras dos o tres en reserva bien escondidas. Esa fue la única batalla que no ganó Esther. Ellos por lo demás vivían muy bien. Tal vez mejor que mi familia.

En fin, en Macún del barrio Candelaria de Bayamón había una industria pastelera y era de la familia Santiago. Doña Esther Santiago logró estar en la cima de su negocio, pero su problema más frustrante fue el alcoholismo de tío Neco. Ella nunca pudo lograr que mi tío dejara el alcohol. Eso fue lo que provocó que mi tío casi perdiera la vida una tarde, en su propia casa. ¿Cómo fue que pasó esto? Pues bien, resulta que en días de elecciones, en todos los pueblos, los candidatos hacían promesas. El alcalde de Bayamón, para adquirir más votos, decidió regalar unas letrinas hechas de zinc galvanizado. Esas letrinas fueron

La gran ironía

donadas por el gobierno federal a Puerto Rico. Mi tía quería obtener una de ellas, pero para calificar debía llenar los requisitos. Uno de los requisitos era que los interesados en tener una nueva letrina instalada en su hogar debían mostrar a un inspector municipal que sus letrinas actuales estaban totalmente llenas de desperdicios humanos.

Esther se las ingenió para que todos sus hijos y trabajadores llenaran la letrina vieja de la casa con lo que encontraran. Cuando vino el inspector se percató que letrina de la casa estaba llena y así cualificaron. El gobierno municipal les envío una maquinaria que hizo un hoyo en la propiedad, encima colocaron la famosa y esperada letrina moderna. Todo esto de maquinarias y nueva letrina era una gran conmoción. La primera que quería usar la letrina obviamente era mi tía Esther. Todos los hijos y trabajadores también querían usar la nueva letrina e hicieron fila para usarla y estrenarla. Era la gran novedad y la celebraron. Créanme, el evento parecía como si se tratara de una fiesta. Fueron pasando los días y meses y las cosas volvieron a la normalidad. Se seguía vendiendo pasteles, mi tío tomaba más ron, Esther luchaba con él, pero nada de nada. Mi tío, tal parecía, era un caso perdido.

Una tarde, mi tío Neco tomó más de lo debido. Al llegar a la casa decidió entrar en la letrina. Al encerrarse en ella, se bajó sus pantalones y se sentó en cuchillas en el cajón. Cuando comenzaba a defecar notó que de entremedio de sus piernas le salió una gigantesca cucaracha. La cucaracha salió volando del hoyo de la letrina. A él se le quitaron las ganas de su necesidad y decidió prender un fósforo y lo tiró por el cajón con un pequeño papel de periódicos. Esos papeles de periódicos se encontraban enganchados en un tornillo en un lado de la letrina de metal. Al prender con el fósforo el papel, lo tiró dentro del hoyo dejándolo caer hasta el fondo. Al papel encendido alumbrar dentro del hoyo, tío Neco vio miles y miles de cucarachas de todos tamaños. Según tío Neco, había hasta cucarachas albinas. Se le ocurrió la idea de quemarlas dentro de la letrina y así eliminarlas a todas. Comenzó a buscar más papeles de periódicos que estaban afuera, los cuales fue echando como loco e indiscriminadamente dentro de la letrina. Luego, sin decirle nada a nadie y sin nadie darse cuenta, se fue y buscó una manguera de agua, la cortó en un pequeño pedazo y se fue al auto. Fue al tanque de gasolina y comenzó a chupar para extraer la gasolina del tanque. Logró llenar un galón de plástico con la gasolina extraída.

Tomó el galón de gasolina y lo llevó a la letrina. Lo echó por el cajón, encima a los papeles de periódicos. Tomó otro fósforo y lo encendió sin pensar que crearía una gran explosión. Que la fuerza de la explosión elevaría tanto a la letrina como a él. El estruendo llamó la atención de toda la barriada. Fue tan fuerte el proyectil, que la letrina cayó en la cúspide de un árbol de mango. Ante tan fuerte ruido, todos en la casa creían que se trataba de una bomba que había caído en la propiedad. Salieron de la casa como locos corriendo en todas direcciones. Todos estaban aterrorizados, porque nunca habían escuchado una explosión tan cerca de su casa ni con tan estruendoso ruido.

Todos corrieron afuera de la casa sin saber que tío Neco estaba muy mal herido dentro de la letrina metálica. Voló de un a lado a otro dentro de la improvisada nave. Cuando Esther, los hijos, las hijas y los vecinos comenzaron a salir de su casa para ver qué había sucedido, se encontraron con todos los familiares corriendo como locos. Todos

La gran ironía

habían desalojados las casas. Vecinos preocupados y desconcertados entraron en la propiedad para ver qué fue lo que sucedió. Al rastrear con linternas en mano y llegar a donde estaba la letrina, se dieron cuenta que ya no estaba y solo se veía el hoyo a la intemperie. Se percataron que tanto las paredes de la casa como el terreno habían sido cubiertos por excremento humano. Empezaron a conjeturar sobre si los extraterrestres se habían robado la letrina. Era tal la confusión, que no se encontraba una explicación. No fue hasta que, gracias a un quejido de mi tío herido dentro de la letrina, que decidieron enfocar con una linterna al árbol de mango y lograron ver una mano sangrando que salía colgando por la puerta de la letrina. A tío Neco se le había cortado la boca y ambos brazos con la puerta de metal de la letrina.

Se llamó a la policía y la policía informó a los bomberos. Llegó una brigada con equipo pesado y bajaron a mi tío del árbol. Los paramédicos determinaron llevarlo al hospital. Una vez él estaba fuera de peligro, el equipo decidió bajar la letrina de metal ya que presentaba un peligro eminente. Así fue como, gracias a los profesionales, se logró rescatar a mi tío Neco. Claro, fue por medio de grúas especializadas que llegaron hasta la cúspide del árbol de mango. Tío Neco fue llevado al hospital de Bayamón y duró tres días recluido. Al regresar del hospital no vio nada del daño causado. Entre el equipo del municipio y voluntarios, durante su estadía en el hospital, habían limpiado todos los alrededores. Esta hazaña le sirvió a mi tío para no beber más licor. Esther no le ganó la batalla al tío Neco y su licor, pero las cucarachas y el proyectil si lo hicieron.

Mi tía le dio un fuerte ultimátum y él, temeroso de ella, le prometió no beber más licor en lo que le quedara de vida. Le prometió también dedicarse a los trabajos de la crianza de cerdos para el negocio de pasteles. Mi tío cumplió su promesa y vivieron juntos varios años felices y prósperos. Gracias las cucarachas. ¡Que vivan las cucarachas!

Hay historias que, al escucharlas, la gente llega a decir, "esto lo he oído antes" o "eso pasó en mi barrio". La verdad es que sí, existen historias que pueden repetirse en la vida de todos.

QUIQUE EL POLLERO

Quique vivía al lado de la casa de mi abuela en las parcelas Van Scoy de Bayamón, Puerto Rico. No tengo idea de cuál sería su verdadero nombre. Pero en realidad ni me importa. Lo que sí me importa es lo que este hombre depravado y abusador intentó conmigo. Recuerdo que tenía una van blanca. En esa van era donde iba todos los días a distintos barrios del pueblo de Bayamón a vender pollos, huevos, además de otros productos menores. Todos los días de la semana salía bien temprano de su casa para comenzar sus ventas. Quique era casado y tenía dos hijos menores de cinco años. Su esposa, la señora Aída, cuidaba de los niños mientras él trabajaba.

Quique siempre decía que necesitaba la ayuda de alguien que viajara con él y pregonara, vía altoparlante electrónico, los productos que vendía mientras él manejaba su vehículo de motor. Venía todas las tardes después de su jornada a casa de mi abuela para hablar y siempre decía lo mismo:

—¡Caramba, qué difícil es trabajar solo vendiendo y guiando! Por lo menos, si yo tuviera a alguien que me ayudara y que anunciara los productos mientras conduzco sería una tremenda ayuda. Fíjese, aunque sea solo por los sábados y los domingos, eso sí sería perfecto. ¿Qué cree usted doña Mela?

En realidad, era una ventaja para él que alguien lo ayudara porque así se concentraba en manejar la van y la otra persona anunciaría por el altoparlante los productos que tenía para la venta.

¡Aquí está la ironía de la vida! A mí de niño siempre me gustó estar hablando por micrófono. Eso como que nació en mí, pensé que sería una aventura divertida y satisfactoria. Claro, que yo no me ofrecí en ningún momento, pero Quique ya tenía la idea que fuera yo quien le ayudara. Pero para eso tenía que contar con el permiso de mi abuela materna, ya que yo era menor de edad. Mela, mi abuela materna, estaba a cargo de mí en Puerto Rico mientras mami y mis dos hermanos estaban viviendo en Nueva York. Para ese entonces yo contaba con nueve años.

En base a las tantas cantaletas continuas de Quique, mi abuela me dijo:

—Fíjate Pepito, tú te podrías ir con Quique los sábados y los domingos a trabajar y además de ayudarlo te ganarías uno chavitos que no nos vendrían nada mal.

Yo también pensé lo mismo. Fue entonces donde mi abuela le preguntó a Quique que cuánto me pagaría por trabajar los sábados y los domingos con él. Él respondió que dependería de las ventas. Entonces mi abuela le dijo que me buscara el sábado para trabajar.

Yo me puse muy contento, pues sería mi primer trabajo y así podría comprarme las cosas que yo quisiera sin tener que pedirle a nadie. Yo sabía, a base de los tratos de mi abuela y de mi tía Toñita, que yo era prácticamente una carga económica. Me daba cuenta que yo era un estorbo en la casa de mi abuela. La culpa de eso era de mi madre y padre que nunca enviaron un solo centavo a Puerto Rico para que yo vistiera, comiera y contribuyera con mis gastos. Eso me causó grandes vergüenzas y tristes desilusiones. Carecí de todo tipo de ropa, zapatos y demás. Mami le había dejado $7,000 dólares en la cuenta de banco de mi tía Toñita para que se los guardara mientras estuviera en el Bronx. Dinero que fue manipulado por mi tía Toñita, mi abuela Mela y mi tía Pasita. Esto no es un invento, puesto que fui testigo de las conversaciones, además de las transacciones.

Ese abandono por mi madre y padre también alimentó abusos de parte de muchos en mi familia materna hacia mí. Todo eso porque fui abandonado a la suerte y a la misericordia de quienes no me querían. Ciertamente lo digo así, porque abiertamente me lo dejaron saber. Ahora bien, ya de hombre digo: ¡qué pena que pasé por esas injustas situaciones! Ningún niño debe ser tratado de esa manera en la vida. Un niño busca amor y comprensión donde cree que lo obtendrá, pero en mi caso otra fue la realidad.

Volviendo a la historia, Quique contaba en aquel entonces como con treinta y cinco años. Era el prototipo del buen padre, parecía un buen hombre. Se veía un padre serio y ejemplar, por lo menos eso pensaba todo el mundo. Actuaba como buen ciudadano y hombre respetable, no se notaba nada malo en él. En mis nueve años jamás pensé que iba a ser víctima de los deseos maquiavélicos y sexuales del gran señor don Quique.

Llegó el sábado y Quique me vino a buscar para irnos a trabajar en la venta de huevos y pollos por las barriadas. Salimos rumbo a los lugares que recorría en su jornada. Yo me ocupaba, por medio del micrófono, de informar sobre los productos que estábamos vendiendo. Mientras él manejaba, yo pregonaba los artículos. Me encantaba oírme en voz alta diciéndoles a las personas lo que vendíamos.

Ese trabajo me gustaba mucho y me brindaba la oportunidad de realizarme. Jugaba con voces y descubrí que tenía talento para ser locutor o actor. Algo que, en mi vida de joven de adulto, he logrado y he sido galardonado.

Al regresar a nuestras casas, Quique me dio diez dólares. ¡Yo me puse tan contento! Era el primer sueldo de mi primer trabajo. Recuerdo que mi abuela, al saber cuánto me había pagado, me dijo: "Dame acá ese dinero para guardártelo, para que no lo desperdicies por ahí". Yo se lo di, casi no dormí esperando que llegara el domingo para nuevamente ir a trabajar. Me sentí un hombrecito completo, trabajaba y ganaba dinero. Era algo bueno, pues yo podría contribuir con los gatos de mi manutención.

Llegó el domingo y Quique me vino a buscar. Nuevamente nos fuimos por los barrios a vender. Yo le ayudaba en las ventas cuando se acercaban muchas personas a comprar y era casi imposible para él solo. Eso también me gustaba porque practicaba la matemática, yo realmente odiaba la matemática cuando estaba en la escuela.

Trabajando fue donde noté que las matemáticas era una de las asignaturas más importantes para triunfar en la vida. Me propuse

La gran ironía

estudiar las tablas de multiplicar y a memorizármelas. No se podía fallar, pues Quique me lo descontaría de mi sueldo. Yo no quería que eso pasara, por esa razón siempre estaba alerta. Ese domingo le fue muy bien en la venta a Quique y por eso me llevó a comer hamburguesas a *Burger King*. Yo feliz, porque si las cosas seguían como se perfilaban ya no carecería de ropa, zapatos y otras cosas necesarias.

Recuerdo que estuve como ocho semanas trabajando con Quique. También pensé que mi dinero estaba seguro con mi abuela, que era quien me lo guardaba. Tristemente, al pedirle mi dinero para comprar ropa y zapatos me lo negó. Luego fui enterado que mi tía y mi abuela se lo habían dado a un hijo de ella, mi tío Nito. Me dio mucha rabia eso, pero donde manda capitán, no manda marinero. La excusa que se me dio fue que yo debía ese dinero, por los gastos de comida y hospedaje. Otra vez estaba en el lugar de cero. En fin, esa no fue la más grave desilusión. A pesar de sentirme traicionado y engañado por mi abuela, lo que pasó después con el Sr. Quique fue mucho peor.

Yo no quería seguir trabajando porque sabía que era en vano. Mi dinero no lo vería nunca. Según llegaba a mis manos era puesto en las manos de Nito, el hijo adorado de mi abuela. Yo era un simple nieto, un simple niño, el no querido. Me atrevería a decir que yo era el gran estorbo de esa casa en el km. 8 de las parcelas Van Scoy de Bayamón. Así me tocó vivir esa parte de mi infancia. Yo sé que le ha sucedido a otros niños y que han pasado su niñez peor que yo. No creo que sea mejor que ellos. Todo eso es muy triste. ¿Porque es así la vida?

Un domingo yo le dije a Quique que no quería trabajar más, por lo del problema con mi dinero. Él me sugirió que trabajara de otra manera.

Que me pagaría por ello y que nadie sabría que yo tendría dinero. Que sería un secreto entre él y yo solamente. Me puse contento y le dije que me explicara qué tenía que hacer. Me dijo que al día siguiente, lunes, iría a mi casa y le diría a mi abuela que permitiera que yo le acompañara después de la escuela a lavar la guagua a la Falcona, (lugar que ahora no existe porque lo cubre el lago La plata). También dejó claro que allí en la Falcona me diría el trabajo que yo haría, acepté y me retiré. Llegué a casa y le dije a mi abuela que Quique vendría a hablar con ella porque ya no trabajaría más con él. Noté que se molestó muchísimo y recuerdo que me preguntó: "¿Qué fue lo que hiciste ahora?". Yo contesté que nada, que Quique le explicaría.

El lunes por la tarde cuando llegué de la escuela, a eso de las 5:45 p.m. ya estaba Quique hablando con mi abuela. Ya le había pedido permiso para que lo acompañara a lavar su van. Mi abuela con su carácter de siempre, matriarcal, me ordenó que enseguida fuera y me cambiara de ropa. Que buscara ropa de trabajo y que lo hiciera rápido para que me fuera con Quique. Procedí a hacer lo que me mandó y salimos rumbo a la Falcona. Durante el viaje le pregunté si le había dicho algo a mi abuela de lo que le había comentado antes. Él me dijo: "No, yo soy un hombre de palabra y cuando yo doy mi palabra la cumplo". Además, me dijo: "Espero que tu seas igual, que lo que yo te diga en secreto se quede entre nosotros". Le aseguré que así sería.

Finalmente llegamos a la Falcona y comenzamos a bajar una cuesta cerca del área. Anteriormente había ido con mi familia a la Falcona a lavar carros y hacer pasadías. Por eso fue que me percaté que Quique, no iba rumbo a donde se lavaban los carros. El empezó a ir por un lugar

La gran ironía

cerca pero segregado y con mucha maleza, era una carretera solitaria. Empecé a preocuparme, pues también se estaba poniendo oscuro. Dado a la forma tan lenta que manejaba, le pregunté qué hacía y a dónde íbamos. Nos estábamos saliendo del camino del río y estábamos entrando a un lugar aterrador. Creo que eran como las 7:00 p.m. Él me decía que no me preocupara, que él estaba en control y que andaba con un arma de fuego por si se necesitaba. Fue entonces cuando me llené de un gran pánico. Pero aun así, no le quise mostrar que tenía miedo.

De pronto, detuvo la van y comenzó a cambiar de tono de voz. Se empezó a acomodar y me agarró mi mano y me obligó a tocarlo en sus partes íntimas. Me sentí tan avergonzado, tan sucio. Con mucho miedo me negué a seguir sus deseos. Él se ponía cada vez más agitado y agresivo. Me daba mucho miedo y aunque nunca llegué a ver el arma de fuego, la duda de si la tenía estaba latente en mi mente. Me sentí defraudado por ese trato tan descarado de este hombre hacia mí. Estaba muriéndome de miedo, sabía que estábamos lejos de mi casa. Estaba oscurecido, no sabía cómo llegar a mi casa si me le escapaba. Él se desabrochó el *zipper* del pantalón y se sacó su pene erecto. Entonces, como si un demonio lo poseyera, comenzó a masturbarse y a pedirme que lo tocara, que le mamara y que compartiera con él en el sexo. Lo que pasaba por mi mente era escapar. Pensé que si por lo menos llegaba a la carretera principal alguien me ayudaría y me llevaría a mi casa. Al ver que yo no le satisfacía, me pidió que me bajara de la van y me ordenó quitarme mi pantalón, le dije que no. Me agarró fuertemente e intentó desnudarme a la fuerza. En el forcejeo le di un golpe en sus genitales y cuando se dobló por el dolor me soltó, entonces corrí como un loco sin saber en qué dirección.

Mientras corría desesperado, llorando de miedo, extremamente asustado cual animal manso perseguido por una fiera, solo podía oírle decir obscenidades y amenazas:

—Cabrón, te vas a joder. Yo me la voy a desquitar. Hijo de puta, tú no te saldrás con la tuya. No te apures que cuando yo te coja de nuevo me las vas a apagar. Yo te voy a comer ese culito cabrón. Te lo voy a meter a la buena o a la mala y es mejor que no digas nada a nadie pues tu vida peligra. Ya lo sabes.

Mientras corría, todo para mí era muy confuso. No tenía sentido de dirección. Estaba perdido, solo en la lejanía y en un territorio desconocido. Los ruidos de los animales en la noche me castigaban la mente. Al correr desorientado no me di cuenta que las yerbas de la maleza me habían producido cortaduras en distintas partes del cuerpo; las manos, la cara y las piernas, pues estaba en calzones cortos. Cada vez que rodaba por mi piel el sudor me castigaba. Lo sentía más en la cara que había sido rayada y cortada por las navajas naturales de la yerba. Fue un verdadero vía crucis de vergüenza, decepción y dolor.

Fatigado de correr y sudado como caballo de carrera, cubierto de pie a cabeza por toda clase de semillas del pastizal y con mucho picor y dolor en todo mi cuerpo, logré divisar las luces de los focos de los postes de luz de una carretera. Me dirigí a ella y cautelosamente, verifiqué que Quique no estuviera por allí. Al notar que ya no estaba comencé a quitarme las semillas de cadillo de mi cuerpo y de mi ropa. Comencé a caminar, pero no recuerdo si era norte, sur, este u oeste. Solo deseaba que pasara alguien en un auto para pedirle ayuda.

La gran ironía

De pronto, escuché que se acercaba un auto y era un *Jeep*, por el sonido del motor yo sabía que no era la van de Quique. El conductor me vio y le grité que me ayudara pero no se detuvo. Seguí caminando debajo de las luces de la carretera. Seguí la dirección que tomó el *Jeep*. Luego de cinco minutos escuché otro auto venir y también le grité pidiéndole que se detuviera y me ayudara, lo que hizo el chofer fue acelerar. Entendí que debido a mi aspecto, pues estaba sangrando por las cortaduras, y también la hora y el lugar nadie me brindaría su ayuda. No habría por allí ni siquiera un buen samaritano. Fue entonces cuando comencé a correr para llegar a la carretera principal.

Llegué a la carretera 167 que llegaba al barrio Dajao. Allí me vio una pareja mayor y se detuvieron a socorrerme. Empecé a llorar y casi no se me entendía lo que les decía. Ellos me consolaron y me querían llevar al cuartel de la policía, les supliqué que no lo hicieran. Les pedí que me llevaran al km.8, les dije que quería informar a mi abuela y tía primero. Que una vez en casa, ellas tomarían la decisión de qué deberíamos hacer. Ellos, con reservas, me llevaron al cruce de mi casa. Una vez allí, caminé hasta mi casa. Eran las 11:30 p.m. Mi abuela y tía ya estaban dormidas.

No quise despertarlas, pensaba hablar con ellas al otro día. Llegué a mi habitación, que estaba fuera de la casa, busqué una toalla y me fui a dar un baño. Cuando pude mirare en el espejo del baño, me percaté que estaba cortado por todas partes. Al echarme agua, vi las estrellas del dolor. Era un ardor horrible, pero ya por lo menos estaba seguro. Luego del baño me fui a mi cuarto, aseguré y cerré bien la puerta de mi cuarto y las ventanas, por si acaso a Quique se le ocurría llegar hasta mi habitación. Trataba de dormir, pero era en vano. Me mantenía dando vueltas en la cama.

En la mañana escuché a mi abuela echándole maíz seco a las gallinas que estaban sueltas en la parcela. Yo no había ido a la escuela, así que esperé que mi abuela terminara de alimentar a las gallinas. Ella se acercó a mi cuarto para ver si yo estaba. Al ver que la puerta estaba cerrada por dentro me llamó. Me dijo que fuera a tomar café, que ella quería hablar conmigo. Yo estaba muriéndome de miedo, pues mi abuela no era nada fácil. En fin, me vestí de valor y salí. Fui a la cocina y me senté, ella me miró la cara y al verme todo rayado por la maleza me dijo: "Fíjate lo que te pasó por hacer cosas tan malas. Yo ya sé lo que paso ayer, Quique me contó todo". Estaba furiosa y comenzó a recriminarme. Decía que yo le había hecho mal a la familia, que los había puesto en vergüenza por ser un maldito ladrón barato.

Quique había llegado primero que yo, aprovechó la situación y le llenó la cabeza a mi abuela de mentiras. Mi abuela manipulada le creyó al cretino de Quique y me condenó sin derecho a un juicio justo. Traté de explicarle a mi abuela lo que en realidad pasó pero no me lo permitió, ella ya había llegado a su veredicto. Nunca me permitió decirle mi versión de los hechos. Para ella Quique tenía la razón.

Comencé a llorar de la rabia, pues yo era la víctima. Ella me ordenó que me fuera de su presencia. Tajantemente me dijo: "Hoy no comes". Además, como castigo, me ordenó a que trabajara en la parcela haciéndole las coronas a las matas de plátanos y guineos, sin tener derecho ni a beber agua. Me dijo: "Yo a ti te voy a enseñar a ser un verdadero hombre decente".

La gran ironía

Quería morirme, pues cuando traté de buscar apoyo, entendimiento y refugio lo que encontré fue indiferencia y un cruel castigo. Fue ahí que me di cuenta de que estaba solo. Que yo no tenía padre, madre o hermanos. Que a nadie le importaba. Recuerdo que estuve todo el santo día debajo del sol, haciendo lo que me habían ordenado. Ya eran las 5:00 de la tarde y noté que Quique se había acercado a mi casa para hablar con mi abuela. Luego lo vi venir hacia mí con una sonrisa burlona en la cara. Mientras se acercaba, yo sentía odio y deseos criminales. Parecía un demonio burlándose. Pero le doy gracias a Dios que no hice nada. En forma burlona me dijo:

—Es mejor que te quedes callado, porque no te van a creer nada. Si me acusas no te creerán, pues ya yo te acusé a ti de ladrón y de haberme robado. Les diré que, para tapar tu falta de pillo, te inventaste esa historia. Te aseguro que nadie te va a creer, yo soy un hombre de respeto y tú no eres nadie.

Ya me había dado cuenta de que él había ganado por la actitud asumida por mi abuela. Se marchó, pero antes de irse me dijo:

—Esto no acaba aquí, tú me debes un trabajito y lo vas a terminar.

Le dije que se fuera al diablo. Luego noté que él le había traído un racimo de plátanos, unos huevos y dos pollos congelados a mi abuela. Ella recibió los obsequios y se mostró bien contenta. Me llamó para que recogiera el racimo de plátanos del piso y lo llevara a la mesa donde ella ponía las viandas.

Me ordenó, so pena de golpe, que le pidiera perdón de rodillas a Quique delante de ella. Yo no quería, pero negárselo a mi abuela era buscarse un gran lío. Para evitar más castigo, le pedí perdón a Quique.

Jamás en mi vida olvidaré ese desagradable momento. La verdad es que no tenía otra alternativa. Una vez que le pedí perdón, él se me acercó, me abrazó y le dijo a abuela:

—Doña Mela, yo a él lo quiero mucho. Lo quiero como a un hijo, créame. Ya verá, yo lo voy a enseñar a ser un hombre de verdad, usted verá. Es más, yo lo perdono.

Mi abuela, sin tener idea que Quique era un depredador sexual, me comentó:

—Tú ves, Pepito. Él te perdona y fíjate que además te quiere como a un hijo. También pidió que te fueras con él a trabajar de nuevo. Date cuenta de que él es el padre que tú no tienes. Además, él está dispuesto a olvidar lo que le hiciste.

No podía creer lo que estaba oyendo. De forma desafiante le dije a mi abuela y a Quique que yo no trabajaría más con él. Ella se enojó y Quique le dijo a mi abuela:

—Déjelo. Deje que pasen unos días y luego yo lo invito a trabajar. Ya verá que, en unos días, se le quita ese coraje. Usted sabe como son los muchachos.

Aprovechó un despiste de mi abuela y me sobó por la espalda casi bajando las manos cerca de mis nalgas. Sarcásticamente añadió:

—¿Verdad, papito chulo, que tú vuelves?

¡Cuánto odio sentí en mi alma hacia ese depravado! Pero nada podía hacer, le temía mucho a mi abuela. Era un niño indefenso y sin el apoyo de un respetable y justo adulto.

No entendía cómo era que ninguno sintiera algo de lástima por las cortaduras que había adquirido la noche anterior. Hastiado de aquel circo de maldad e hipocresía solo quería marcharme. Pero para lograrlo tuve que inventarme que tenía que ir al baño. Me fui al baño y allí espere hasta que Quique se fuera. Cuando salí mi abuela me llamó y me dijo con voz dictatorial:

—Es mejor que te dejes de jaleos y vuelvas a trabajar con Quique, porque tu aquí lo que traes es solo gastos. Ni tu padre ni tu madre me mandan dinero a mí o a Toñita para tus comidas, ropa o zapatos.

No recuerdo que ella o Toñita me compraran ropa o zapatos. Sé que me daban comida porque ellas tenían que comer y de las sobras de sus comidas yo era el heredero. Eso suena horrendo, pero así era. No contesté nada, solo le dije que quería bañarme, comer y después meterme en mi cuarto a estudiar. Ella me dijo:

—Sí, hazlo. Pero sabes que si Quique te busca te irás con él a trabajar, porque aquí hacen falta esos chavos.

Me fui de su lado y me encerré en mi habitación. Ya en mi habitación lloré mucho y comencé a sentir desprecio por la vida. Me sentía humillado y abandonado. Era verdad lo que mi abuela decía sobre mi padre y mi madre, pues ellos no aportaban con nada de dinero para mis gastos. Fui abandonado a mi suerte a muy temprana edad. Recuerdo que esa tarde no comí, me quedé encerrado y pensando en mi cuarto. Dándole vueltas en mi mente al asunto y agotado por el cansancio pude dormir esa noche. Sentía un poco de molestia debido a las cortaduras, pero no eran tan fuertes como para no dejarme dormir. Eran superficiales, pero sí fastidiosas. Cicatricé rápido y en poco tiempo ni se veían las cortaduras. Traté de olvidar el incidente. Busqué siempre una excusa para no trabajar con Quique. La estrategia me funcionó y, al cabo de un mes, Quique se mudó del barrio. El depredador se marchó, pude regresar a New York y estar con mi madre y mis hermanos una vez más. No le deseo esta experiencia a nadie en la vida. ¡Qué triste, que el dinero pueda más que el amor a un niño! Mis cortaduras de la piel cicatrizaron, pero las de mi alma estarán latentes mientras tenga conocimiento.

Un Amor Contrariado

¡Cómo surgen las cosas en esta vida tan llena de misterios! Una vida tan impredecible, tan dueña absoluta de todo y de todos. No sabemos el porqué estamos en ella ni sabemos dónde iremos al perderla. Solo sabemos que estamos, pero no a dónde vamos. Señores, así esta grandiosa vida. Hoy sabes quién eres, pero llegará el momento que ni serás parte del recuerdo. Hoy eres, pero mañana tal vez no ya no serás. Lo lamentable de esto es que, aun tantas almas conociendo esta realidad , el dolor ajeno a muchos no conmueve. Toda esta vanidad en la humanidad es una gran pena. Por lo visto, nadie puede hacer nada. La vida es totalmente absoluta.

Hace ya mucho tiempo, en un pequeño barrio de Bayamón llamado parcelas Van Scoy, sucedió algo que fue comentado por muchos y por mucho tiempo. Este hecho cambió la vida de tantos en aquel empobrecido lugar. Para eso del 1964 en Van Scoy, también conocido como km.8 de Buena Vista, fue donde se suscitó el triste relato de este amor contrariado. Fue un cruel desenlace.

Cuentan que un joven muy bueno, decente, estudioso y sin vicios fue el protagonista dc esta historia. No era de los jóvenes populares del barrio, pero sí era muy querido por muchos en la barriada. Se dice que contaba con dieciocho años. Su nombre, Ángel Marín.

Ángel tuvo la mala suerte de enamorarse locamente de una joven de diecisiete años. Su nombre, Antonia Vélez. Ella era hija de una señora de la raza negra. Personas de la raza negra no abundaban mucho en el barrio, en aquel entonces. La mayoría de los que componían la barriada era de raza blanca o trigueña. Lo que todos compartían en común era que no eran familias pudientes. La mayoría era clase pobre y de clase trabajadora. No descarto que sí hubiese los famosos "riquitos", pero eran lo menos.

La señora Petra Vélez era la madre de Antonia. La señora se oponía firmemente al romance los jóvenes. ¿Pero quién puede mandar en el corazón cuando nace un amor puro y verdadero? Antonia también estaba locamente enamorada de Ángel. Era un amor que no se escondía, todos en el barrio lo sabían. Ante la negativa de la señora Petra, los del barrio le aconsejaban a los novios que tuvieran mucha cautela. Se veían a escondidas en la escuela del barrio, no tenían miedo por amarse. Decían en el barrio que la señora Petra era una peligrosa espiritista. Que ella lo practicaba abiertamente y que era famosa por sus trabajos en el ocultismo. Muchos del barrio la consultaban para sus problemas o sus deseos.

Su fama no solo era en el barrio, pues de lugares distantes de todo Puerto Rico venían a consultarla. Muchos alegaban que ella sí sabía sobre el espiritismo. Además de Antonia tenía un hijo varón que era la luz de ojos, Ernesto Vélez. Él tenía dieciséis años, buen muchacho también y además muy guapo. Pero no se equivoquen, Antonia era una diosa de ébano. En el barrio existían otros jóvenes que también sentían atracción por Antonia, pero el corazón de ella estaba fijado en Ángel. Fue precisamente por eso que los demás jóvenes se fueron en busca de otras conquistas. Además, se cuenta que también le temían a los poderes ocultos de la señora Petra. Era el gran dilema de aquellos jóvenes.

Aun con las advertencias, Antonia y Ángel solo hacían lo que hacen todos los enamorados en la vida, amarse. Nunca decidieron romper su idilio amoroso. Petra se enfureció tanto que aplicó toda su fuerza espiritual y le echó una maldición o trabajo espiritual al pobre Ángel. Esto fue para lograr la rotunda separación de los enamorados. La señora había advertido a la progenitora de Ángel su desacuerdo con esa relación. Se dice que le dio un ultimátum a la madre de Ángel. Pero no podría destruir lo que Dios ya había dictado, el amor es el amor. Tristemente, el amor de estos jóvenes me recuerda la historia de Romeo y Julieta.

La señora Petra, al ver que sus advertencias no funcionaron, dio riendas sueltas a su furia. Convocó a sus poderes y maldijo al joven Ángel. Cuentan los vecinos más cercanos que en su casa, durante las noches, se escuchaba un ritual espeluznante. Que muchos de ellos sentían gran miedo ante aquel ruido de voces del más allá. Al pasar unos días, se empezó a ver los resultados de sus secciones nocturnas. El pobre Ángel comenzó a adelgazar sin ningún motivo. Antonia fue enviada a los Estados Unidos a vivir con una tía. Los novios se comunicaban por medio de cartas. Las mismas que eran leídas por la hermana de la señora Petra y le informaba a su hermana en Puerto Rico.

Aunque Ángel se veía cada día más delgado, no le informaba a Antonia sobre su desconocida enfermedad. En el barrio lo vacilaban, le decían que detuviera esa masturbación enfermiza.

Al ver que la condición de Ángel empeoraba, hubo vecinos que le trajeron remedios caseros. También visitó a muchos médicos y especialistas, pero no encontraron nada malo en él. Claro está, eso era en términos de la ciencia médica. El problema era de índole espiritual. Con apenas siete meses de Antonia haberse ido al Bronx, Ángel ya parecía un muerto en vida.

Comenzó a sufrir males que para la ciencia o medicina moderna eran totalmente desconocidos. Los médicos entendían que algo pasaba, pero era tan repentino y acelerante que no había tiempo para poder hacer un estudio. Tampoco la iglesia del barrio, el sacerdote Fabián, podían dar una acertada explicación al asunto tan triste que le tocó vivir al joven. Su madre sufría la decadencia diaria de su único hijo. Estaba segura que Petra era la responsable de lo que le sucedía, pero nadie podía probar eso. Esto de la brujería o espiritismo no está en los códigos de la judicatura, por lo menos en aquel tiempo en mi Puerto Rico. Tal vez en algún momento de la vida se pueda legislar sobre casos como este. Pero responsable y cuidadosamente, sin revivir las caserías de brujas como fue hecho en el pasado de nuestra humanidad. Donde se llevó a quemar a inocentes vivos en fogatas creadas en plazas públicas, ante la mirada morbosa de miles en Europa y en el Nuevo Mundo. Eso actos pasados quedaran en nuestra historia para la vergüenza de la humanidad.

El ocultismo maquiavélico es uno de los grandes dilemas de nuestras sociedades. Su solución está en las manos de Dios y de esta vida que es tan absoluta.

Al cabo de doce meses murió Ángel, falleció junto a la mano apretada y los ojos llenos de lágrimas de su inconsolable progenitora. Aun con un inmenso dolor en su corazón ante su irreparable pérdida, Ramonita quijotescamente enfrenta al proceso del sepelio. La mayor parte de los vecinos hicieron colectas para ayudar con el féretro y el entierro del joven. Además, aportaron con víveres para los futuros novenarios. El cadáver fue llevado al Departamento de Medicina Forense para la debida autopsia, la señora Ramonita recibió los resultados un día después. En el acta de defunción se informó que la repentina muerte del desafortunado era por causa natural, pero que existían dudas patológicas porque ni su cuerpo ni sus órganos vitales presentaban razón alguna para su deceso.

Todos en el barrio sabían quién era la responsable de la muerte repentina de Ángel, pero nadie lo podía probar. Tristemente, todavía hay casos como este sin que nadie pueda hacer nada, porque nadie puede. Solamente nuestro Dios y esta vida que es absoluta. El difunto lo velaron en su humilde vivienda, llegaron los vecinos y amigos a darle su pésame a la señora Ramonita. Todos consumidos en gran pena ante la pérdida del aquel joven que era querido y respetado.

Todos en el barrio asistieron, exceptuando Petra. Algunos la vieron sentada en el balcón de su casa cuando iban de camino al velatorio. Decían que se mostraba bien conforme y con una espléndida alegría.

El acto de ella le causó un colectivo desprecio, aunque todos por igual le temían y por ello no se atrevían ni siquiera a confrontarla. Muchos hasta omitían el hablar por temor a la famosa y poderosa espiritista. Dos días después llegó el coche fúnebre al barrio para llevar el difunto a la iglesia y al cementerio.

Cuando iban de camino a la iglesia, Ramonita con voz alta y tajante pidió a los empleados de la funeraria y a todos los que acompañaban el sepelio que se detuvieran frente a la casa de la señora Petra. Esto tomó por sorpresa a todos. Hubo un silencio absoluto. Todos estupefactos y callados dejaron que ella se manifestara. Luego pidió que sacaran el féretro con los restos de su hijo amado y lo pusieran en frente de la casa de la señora Petra. Petra estaba sentada en el balcón de su casa viendo todo y se mantuvo sin decir una palabra, solo mostró una sonrisa burlona ante el escenario de la madre del difunto. Fue entonces cuando Ramonita se arrodilló y mirando al cielo dijo:

—Señor, tú eres eterno y eres el justo juez. Te pido que me perdones si peco con esto, pero tú conoces mi corazón y mi dolor de madre. Si mi hijo fue llamado por ti, por tu voluntad, yo digo ante todos amén. Pero si esta temida bruja fue la causante de la fatalidad de mi único hijo, permíteme Dios que, antes de morir, pueda ver tu justicia divina.

Ante aquel suceso tan impredecible y nunca antes visto en el barrio todos quedaron marcados para siempre. Nadie le recriminó o le prohibió su acción. Todos estaban mudos y muchos rompieron en llanto, hasta los más machos se conmovieron en aquel momento de ruego de la destruida madre. La señora Petra le dio la espalda y solamente dijo:

—Llévense ese muerto al cementerio para que lo entierren de una vez, que ese muerto ya apesta.

Procedió a entrar a la casa y tiró la puerta. No conforme con eso, encendió el tocadiscos en el volumen más alto. Cosa que ofendió a todos, pero nadie dijo palabra alguna.

Se volvió a ubicar el féretro dentro del coche fúnebre y se continuó rumbo a la iglesia. Se le hicieron los novenarios en la que fuera su casa como lo manda la Iglesia católica. Después de un tiempo, todo volvió a la normalidad cotidiana en el barrio Van Scoy. Los vecinos siempre se preocuparon de visitar a la madre del joven fenecido. Esto le sirvió de gran consuelo durante el proceso de adaptación y aceptación de la muerte.

Antonia nunca fue informada de la triste suerte de su amado. Su madre dejó saber bien claro a todos los del barrio que si le informaban a su hija sobre la muerte de Ángel se las vería con ella personalmente. Lo que le informó a su hija fue que Ángel se casó y se mudó del barrio. Por lo que Antonia, creyéndole a su madre y no recibir nunca más una carta de Ángel, decidió hacer su propia vida en el Bronx. Prometió no volver más a Puerto Rico. Por lo menos, eso era lo que creía su madre. Pero no hay nada oculto que no salga a la luz algún día. Así dicen muchos en esta vida tan absoluta e impredecible. Fueron pasando los días y meses y aquella romántica historia del barrio era una más de las historias de amores contrariados, como muchas otras que son digeridas por el tiempo y el imperante olvido. La historia de amor de Antonia y Ángel quedó para siempre guardada en el jardín del pasado.

Doce meses después de la muerte, en el barrio ya no se hablaba más del asunto. No fue hasta que una tormenta, que se acercó a la isla, hizo grandes estragos. Resulta que habían anunciado, por la televisión y la radio, que una tormenta muy peligrosa pasaría por la Isla. Comenzaron las lluvias torrenciales, hubo deslizamiento de tierra, calles intransitables y ríos muy crecidos. Era muy peligroso salir a la calle. El gobierno pidió a todos que se proveyeran de alimento y medicinas. Que protegieran sus casas y los que estuvieran en alto riesgo buscaran refugios. Esa era la orden del día. Ernesto, hijo menor de Petra, tenía una novia en Toa Alta, pueblo colindante a Van Scoy. Para llegar hasta la casa de la novia había que cruzar por un puente entre dos colinas que eran dividas por una quebrada, ese pequeño puente era el único medio de comunicación entre Bayamón y el Barrio Piña de Toa Alta. Ernesto, sin haberse informado de los derrumbes y crecidas de los ríos, se montó en su auto y se dirigió rumbo a casa de su novia. En el trayecto todo le parecía seguro, pero al cruzar el puente fue arrastrado por un golpe de agua de la crecida de río. Hubo testigos del suceso. Tratando de salvar su vida, intentó salir por una de las ventanas del auto. Al tratar de hacerlo, el auto se le volcó encima y lo atrapó mortalmente. Murió ahogado.

Esto fue muy triste porque el joven era muy bueno y querido en el barrio. Era totalmente distinto a su temida madre. Muchos dicen que era muy servicial. Al llegar la noticia al barrio, la madre enloqueció.

Ese era su hijo predilecto, el amor de su vida. Lo que se supo después del sepelio fue que su muerte coincidió con el día y la hora exacta en que murió Ángel, doce meses antes.

La gran ironía

La diferencia entre los sepelios de estos dos jóvenes fue que nadie le dio un pésame a Petra por la pérdida de su hijo ni contribuyeron en nada para el entierro. Ella lo veló en su casa por dos días, solamente con la compañía de Antonia que regresó a Puerto Rico para el sepelio. Obviamente, una vez en el barrio, ella se enteró de lo que realmente pasó con su entrañable amado. Le juró a su madre que no la volvería a ver jamás luego del sepelio. Al finalizar el entierro, Antonia y su esposo se fueron directo al aeropuerto y nunca más se supo de ella. Su madre quedó totalmente loca y se le veía deambulando por las calles del pueblo de Bayamón. Su casa quedó desierta y abandonada hasta el día de hoy. La madre de Ángel pudo ver la desgracia de quien le arrebato a su único y amado hijo. Pero no se alegró de la desdicha de la aclamada y famosa espiritista.

Dicen los sabios que en esta vida, que es tan absoluta e impredecible, es donde lo que aquí hacemos aquí lo pagamos. La pena es que, en muchos de los casos, quienes pagan por nuestros malos actos son los más inocentes. Que nadie hace nada, porque nada nadie hacer puede.

Sobre el autor

José Martin Pacheco nació el 26 de febrero de 1957 en la ciudad de Bayamón, Puerto Rico. "Pacheco", como le conocemos, a la edad de diez años se mudó con su madre al estado de Nueva York, donde comenzó a estudiar teatro. En el año 1974, estudia en la unidad de entrenamiento del Teatro Rodante Puertorriqueño, institución creada por la actriz puertorriqueña Miriam Colon-Valle. Pacheco ha sido el primer y único estudiante de la unidad de entrenamiento del Teatro Rodante Puertorriqueño que, sin aún graduarse, recibe un contrato profesional con un prestigioso teatro de Washington, D.C., el *Back Alley*. Un escritor y periodista neoyorquino de ascendencia cubana, Don Mario Peña, se impresionó con su trabajo y lo refiere al teatro *Arte Unido* en Nueva York para la obra *Tutankamón*. Miriam Colon, decide ir a ver la obra y, al reconocerlo como aquel joven que salió de su unidad de entrenamiento, lo esperó hasta que terminara la función y le ofreció un contrato para el papel de Changuito en *La Carreta*, del laureado escritor puertorriqueño René Márquez.

El escritor norteamericano Alan Davis quedó impresionado con su trabajo y lo recomendó con el prestigioso y acreditado grupo de teatro *Center Stage* de Baltimore. Lo seleccionaron para el papel de Panco para la obra *The Night Of The Iguana*, del escritor norteamericano Tennessee Williams.

Al regresar a New York, trabajó en varias producciones: *Ceremonia Por Un Negro Asesinado*, de Fernando Arrabal, *Un Jibaro*, de Méndez Quiñones, *P.P.P.P.*, dirigido por Pablo Cabrera, *El Popol Vuh*, dirigida por Manuel Yeskas y la parodia *La Viuda Alegre*.

Luego estudia artes liberales en la Universidad Eugenio María de Hostos. Durante el proceso de estudios, es llamado para trabajar en una telenovela en Puerto Rico. Regresó a su isla y trabajó en diversas televisoras y en varias telenovelas, entre ellas: *La otra mujer, Marta Llorens, La jibarita. El ídolo, Modelos S.A., Poquita cosa, Tormento, Laura Guzmán culpable, Viernes social, Vivir para ti, Escándalo, Rojo verano* y otras más. Fue maestro de teatro para el Departamento de Recreación y Deportes, ha sido el primer presidente de la Comisión de Supervisión y Membresía del Colegio de Actores de Teatro de Puerto Rico.

Fue director de la Oficina de Enlace Educativo de Puerto Rico en New York, en el año 1993. Para el año 1994, se convierte en el primer puertorriqueño en ser invitado por el Congreso de los Estados Unidos como artista único en una exposición, durante la celebración del Mes de la Herencia Hispana en Washington, D.C. Durante el Festival Dominicano en Filadelfia del 2010, la comunidad dominicana y miembros del festival, le otorgaron el premio Ciudadano Honorífico del año. Pacheco también cuenta con otros galardones y reconocimientos como; del Senado de los Estados Unidos y del presidente Clinton, de las Asambleas Legislativas de tres Estados (New York, New Jersey y Pennsylvania). Además, el Senado de Puerto Rico lo reconoció mediante resolución por su vida ejemplar y trayectoria artística.

En septiembre del 2022, es contratado por la compañía de teatro de Cleveland, Ohio *LatinUs Theater Company,* donde recibió excelentes críticas en dos producciones simultáneas para Navidad; *La Apuesta* y *Santa Claus va a La Cuchilla.*

Editorial Zayas
el mundo espera, publícalo

Puerto Rico/Cuba

Tel. 1-787-263-5223
editorialzayas@gmail.com
www.editorialzayas.com

Made in the USA
Columbia, SC
07 October 2024